Aphorismen und Texte zu
Leben & Liebe

ISBN: 9783756215331
Herstellung und Verlag: BoD – Books on Demand, Norderstedt

Aphorismen

Aufmerksamkeit

fehlende Aufmerksamkeit

wird

oft

mit

materiellen Sachen

kompensiert

Nachwuchsehe

ich plädiere

für

eine Nachwuchs-Ehe

dauert

18 Jahre

ab letztem Säugling

Blütenpflanze

begleite dein Kind

wie eine Blütenpflanze

die sich langsam langsam öffnet

familiengeschädigt

die Welt

kann nicht besser sein

als was in den Familien

gelebt wird

anschreien - lieben
schlechte Laune abladen - sich beherrschen
abschätzig fühlen - wertschätzend achten
missbrauchen - hilfreich bei Seite stehen
ausnützen - aufopfern
Macht - ohne Macht - Ohnmacht
schlagen - umarmen
... - ...

was überwiegt

also

fragt sich nur

wie stark bin ich

familiengeschädigt

Aufgabe der Eltern

mit dem ersten Atemzug

eines frischgeborenen Kindes

beginnt die Aufgabe der Eltern

es auf das Verlassen des Nestes vorzubereiten

nur dauert es ein wenig lange

sagen wir einmal

so etwa 18 Jahre

Existenz

unsere Existenz

ist

eine Folge

von Sexualität

sie ist

Anfang

vom

endlich Lebendigen

zukünftiger Mann

wohin wird

der

zukünftig Mann

von seinem

ZweiwochenVater

geführt

sich denken

ich denke

was ich bin

bin aber

was ich denke

bewusster Mann

wäre sich

der Mann bewusst

dass sein Werden

in einer Mutter

begann

hätte

in der Menschheitsgeschichte

die Frau

einen anderen Stellenwert

Schaf

ach wie herzig

sind Kinderchen wie Schäfchen

doch meist braucht es

ein Schwarzes

je konfliktreicher seine Eltern

ihre Beziehung leben / lieben

je schwärzer

seine Liebe

letztendlich

sieht und lebt

jeder Mensch

seine Liebe

so

wie er will und kann

wie er kann und will

wertvoll

ist

jemand wertvoll

weil er mir dienlich

oder

ist er noch mehr

X und Y

in der Funktionenlehre

gilt der Zusammenhang

x ist veränderlich

y ist Folge davon

unter allen Menschen

bist du ein x

dein Gegenüber

ist ein y

Brautstrauss

auch

die Blumen

eines Brautstrausses

ähneln langsam

nach 2 Wochen

denjenigen

eines Kranzes

auf dem Friedhof

erkannt werden

als Mensch

fühle ich mich

wirklich erkannt

als Frau / als Mann

einfach als Teil der Natur

Geschlecht im Weg

steht

das Geschlecht

zwischen Frau und Mann

im Weg

können

sie sich

nicht verstehen

Verführung

seit eh und je

verleitet

die Verliebtheit

zur Verführung

doch

wird sie kaum

als solch

naturliche Kunst

erkannt

Liebe und Religion

mit der Liebe

verhält

es sich wie mit

einer Religion

ein Leben lang

manche dürfen

manche können

und

manche müssen

sich

ein Leben lang begleiten

doch dies hängt nicht

von der Liebe

sondern

von den oben

genannten Verben ab

Anziehung

früher dachte ich

der Zauber

zwischen zwei Menschen

sei Anziehung

heute denke ich

es könnte auch

Überwindung der Abstossung

vor dem Andern

sein

Kinderwagen

oft

sieht man

ältere Männer

die stossen

einen Kinderwagen

zuvor

haben sie

die junge Frau

nebenan

gestossen

Traum

jeder Mensch

braucht

seinen Traum

auch wenn

dieser nur

die Liebe

ist

wie eine Blume

ohne Aufsehen

kann ich

an einer interessanten Frau

vorübergehen

wie bei einer Blume

bewundernd

wie schön

in der Natur gewachsen

ohne

sie zu pflücken

hinterfragt

alles

auf dieser Welt

wird hinterfragt

nur

die Liebe

nicht

Mutter und Frau

eigentlich

muss ich sagen

dass ein Mann unbewusst

eine Mutter sucht

und zugleich eine Frau

um Sex zu haben

eigentlich

liegt wohl darin

das grosse Dilemma

Erziehung

Erziehung

bedeutet

Beziehung

die Selbstloseste

der Mensch

mit seinen Vorstellungen

von Liebe

welche auch immer

verfolgt stets nur ein Ziel

dass sich die eigene Liebe erfüllt

selbst

die Selbstloseste

Jungfräulichkeit

wie unsere Vorfahren als Herdenmenschen

sich in die Weite und Gefahr

der Natur aufmachten

entstand in jahrtausendwährender

Entwicklung unseres Denkens

ein solcher Mythos

wie ein verborgener Schatz

mit der Aufschrift

Glückseligkeit - ewige Liebe

die Jungfräulichkeit als Schlüssel

derer bemächtigt

wer dazu die Macht

getarnt in Entstehung von Religionen

gepredigt und geschrieben

noch durch das männliche Geschlecht

heute von der Frau für sich erkämpft

bleibt doch ewig darin

die Entstehung und das Geheimnis des Lebens

Liebesarten

Nächstenliebe - Mutterliebe - Selbstliebe - ewige Liebe - Gottesliebe - erste Liebe - Retterliebe - Restliebe - käufliche Liebe - geistige Liebe - körperliche Liebe - Hassliebe - Tierliebe - Triebliebe - Heimatliebe - Landliebe - ...

Altersliebe

im innersten Kern

dreht sich

der Mensch

im Alter

noch genauso

einsam

um die

ewige Liebe

könnte es sein

könnte es sein

dass ich

mit meinen Sprüchen

uns Männer

entlarve

und

den Frauen

die Illusion

raube

drängen und wählen

einfach gesagt

von Natur aus

spürt

der Mann

sein Drängen

und

die Frau

ihr Wählen

Künste

bis heute

haben

auch die Künste

bei diesem Zauber

mitgemacht

wenn

die Natur

das Gemüt

zweier Menschen

unerklärlich erregt

gibt es Dinge

gibt es Dinge

an einem Menschen

zum Kennenlernen

die verlässlicher sind

als der Körper

durch das Auge

Verhütung

ich

verhüte

nicht nur

eine Schwangerschaft

sondern

vor allem

Mutter- / Vaterschaft

woher ich komme

in der Sexualität

gehe ich dorthin

von wo ich komme

deine Bestimmung

deine Bestimmung

ist

Mutter / Vater

zumindest

von

Natur aus

in Liebe gezeugt

sollten Kinder

aus Liebe

gezeugt

werden

wie

ist

es dann

wenn man

verhütet

körperliche Vereinigung

bevor sich zwei menschliche Körper verbinden

täte man gut

vorgängig den körperlichen Menschen

kennenzulernen

schätze

schätze an einem Menschen in der Liebe

was du haben darfst

nicht was du haben willst

Gefühle für dich

statt

ich liebe dich

wäre es ehrlicher zu sagen

ich liebe meine Gefühle für dich

Sex zurückgeben

ich will

der Natur den Sex

zurückgeben

damit Frau und Mann

sich als Mensch

begegnen können

Enttäuschung

die Liebe

als Gewand

der Täuschung

ist

die

schmerzvollste

Enttäuschung

Nähe und Distanz

je mehr

der Umgang

mit Nähe und Distanz

sich entwickelt

desto mehr wechselt

des einen Freud

des andern Leid

Glück und Aufgabe

in der Liebe sucht man nicht nur sein Glück

in der Liebe findet man auch seine Aufgabe

in der Liebe findet man nicht nur sein Glück

in der Liebe sucht man auch seine Aufgabe

die Süsse des Zaubers

lies nicht

diese Gedanken

wenn du

in der Süsse

des Zaubers

badest

Päpstin

wenn um Gotteswillen

eine Frau

Päpstin wird

werde ich

dem Katholizismus

und

einem Kloster

beitreten

Handddra

als Mann hast du

nicht viele Möglichkeiten

entweder

wirst du einfach ein blöder Wixer

oder

du machst dir ein paar Gedanken dazu

Kinder aus Liebe

ich warte

noch

auf die Person

die sagt

klar gibt es die Liebe

sonst gäbe es keine Kinder

das ist

etwa ähnlich

wie die Mähr

mit dem Storch

Emanzipation

Emanzipation

greift

erst wirklich

wenn all die Vorstellungen

von Liebe

aus den Köpfen

gewichen

Vorlieben

was Eltern

ihren Kindern und Jugendlichen

vorlieben

ist

für die Hälfte

eine Zumutung

und für

die Anderen

oft auch

Abstraktum

meist wird die Liebe

zu seinen eigenen Gunsten

ausgelegt

klafft die Liebe mit

der alltäglichen Realität

auseinander

wird meist

das Verhalten des Andern

zur Veränderung erzwungen

selten das Eigene

und

schon gar nicht

das Abstraktum Liebe

eine einzige Eigenschaft

sag mir

nur eine

einzige Eigenschaft

die

sich allein

auf die Liebe

bezieht

befreit von der Liebe

wäre der Mensch

von der Liebe

befreit

könnte er sich

auf das Mögliche

beschränken

Natur

die Natur hat

Mutter- / Vaterschaft

angelegt

danach bleibt

die Welt

weit offen

in der Vertrautheit

wieso versucht

erst

in der Vertrautheit

das Ich

das Du

zu dominieren

weil sich

dann

das Ich

wieder traut

Geschlechter

eigentlich ist es

faszinierend

wie sich

die Geschlechter

miteinander austauschen

fernab und vergessen

ihrer natürlichen Bestimmung

und trotzdem

läuft es auf

diese hinaus

kennenlernen

besser

als an die Liebe

zu glauben

ist es

stets bemüht zu sein

sich

und

jemanden

kennenzulernen

verliebt

den einzigen Zustand

den ich

aus Erfahrung

für mich zulasse

ist die Verliebtheit

doch sage ich dem

verzaubert sein

Jugendliche

beobachte gut

wie sich dein Körper

als Teil der Natur

verändert

und

zu ihr

zum Zauber

zur Liebe

drängt

die Botschaft

liebe deinen Nächsten

wie dich selbst

übersetzt in

meine Botschaft

jede / jeder

ist sich selbst

am nächsten

in der Liebe

zur Nächsten / zum Nächsten

Vorstellungen der Liebe

es gibt sie nicht

die Liebe

nur so etwas

wie eine Vorstellung

jeweils zu seiner Zeit

so eigen

wie jeder Mensch selbst

Vertrauen vor Sex

VvS

Vertrauen

vor

Sex

CaS

Confiance

avant

Sex

Cbs

Confidence

before

Sex

als Mensch

als

Mensch

hat

er

sich

erfunden

Christsein

Christsein als Etikette

oder was auch immer

verhindert

das Menschsein

im Gefüge der Natur

eigene Religion

nur wer

seine eigene Religion

bildet

kann

die Welt

überwinden

Glauben und Denken

religiös glauben

und

weltlich denken

religiös denken

und

weltlich glauben

wie soll das gehen

ich weiss es nicht

am Grab

da steht

nun der Mensch

am offenen Grab

und nimmt Abschied

und gäbe es nicht

einen Gott

würde

man ihn

hier

jedes Mal

neu erfinden

durch Zufall

als Christ geboren

was wenn ich Buddhist wäre

was wenn ich Muslim wäre

was wenn ich Hinduist wäre

was wenn ich Jude wäre

was wenn ich Christ

und

Katholik Protestant Lutheraner Baptist Methodist

Mennonit Freikirchler

Adventist Salutist

Pfingstler

... ... wäre

Theologie und Philosophie

so wie

die Theologie

auf Gott

ist die Philosophie

auf das Wort

beschränkt

beides

mag nicht wirklich

die Wirklichkeit

abbilden

im Reigen der Fortpflanzung

weil sich der Mensch

mit seiner Sexualität

von der Natur loslöste

als höheres Wesen

im Sinne eines Ebenbildes Gottes

sündig auf Erlösung hoffend

verkannte er sich

als Nachkommenschaft

im Reigen der Fortpflanzung

auf Geheiss des Pfarrers

so sind denn auf Geheiss

des da vorn stehenden Pfarrers

alle aufgestanden

haben willig

ein Bekenntnis

nachgemurmelt

hörbar

aus dem First

nur noch als Wortgebrei

wie eine Schafherde

auf den Abgrund zu

eine wahrhaftige Weisheit

eine wahrhaftige Weisheit

die meist jeder Mensch durchschreiten muss

ob bewusst oder nicht

gleich welcher Hautfarbe und Religion

ist das Älter- und Altwerden

ermöglicht durch eine unbekannte Kraft

eine wahrhaftige Weisheit 2

zum Glück

hast du

ein Leben lang Zeit

dazu

geschähe

dies in einer Nacht

und würdest

dich

am Morgen

im Spiegel

sehen

dann ginge

es dir

wahrlich

nicht gut

Weihnachten

Weihnachten

ist

Wunschdenken

und

umgekehrt

mit dem Alter

mit dem Alter

wird

irgendwann

jeder Mensch

Nonne / Mönch

Gott und Liebe

mit dem Wort Gott

verhält

es sich

wie mit dem Wort Liebe

seit sie

den Menschen

über die Lippen gingen

ist

durch sie

auch

viel Leid

entsprungen

Herdenmensch 2

als der Herdenmensch

langsam zu denken begann

versuchte er irgendwie

mit Gott

sich über

das letzte Unbekannte

zu stellen

mit Religion und Liebe

seine innere Natur

zu zähmen

beides gelingt ihm nicht

Gott

Bei Gott

fehlt

der Artikel

Religionen und Ideologien

nicht Religionen Ideologien

brachten der Menschheit

das Heil

eher bewirkten sie das Gegenteil

nein viel mehr

seine Entwicklung

durch die Menschheitsgeschichte

war ausschlaggebend

wie sich der Mensch

zu bändigen versuchte

Rundungen

früher

schaute

ich

vor allem auf

die Rundungen

einer Frau

heute

sehe

ich

darin auch

die Kanten

geschieden

mögen deine Eltern noch so geschieden sein

sind sie nicht an der Liebe gescheitert

wie soll man an etwas scheitern

das es gar nicht gibt

ihre Vorstellungen von der Liebe

haben sich nicht ergänzt

zusammen schlafen

bevor du mit jemandem ins Bett steigst

mach mit ihm eine Bergtour

einmal bei schönem Wetter

und einmal bei schlechtem

Demokratie

Demokratie

ist eine mühsame und teure

Angelegenheit

die sich gar nicht jedes Land

leisten kann oder will

Diktatur

ist da schon

viel billiger und einfacher

zu haben

Auseinandersetzung

das Drängen der Natur

das Gemeinsame

das Gegensätzliche

wirkt kraftvoll

am Anfang einer Beziehung

nach der

Verliebtheit

beginnt

die Aus-einander-setzung

Zumutung

zwei Menschen

in der Liebe

muten sich etwas zu

man könnte sogar von

einer Zumutung

sprechen

doch naturwüchsige

Verliebtheitskräfte

verschleiern diese

am Anfang

Natur

der Mensch

hat das Gefühl

die Natur

gehöre zu ihm

statt umgekehrt

Abmachungen

nicht eigentlich Religionen

sondern

vor allem Abmachungen

und deren Mittel

zur Einhaltung

haben

den Menschen

friedlicher gemacht

Sinn des Lebens

schade

hat die einfache Frage

warum bin ich ein Mann

warum bin ich eine Frau

und

nicht das andere Geschlecht

nicht den gleichen Stellenwert

wie

die religiöse oder philosophische
Auseinandersetzung

über

den Sinn des Lebens

Glaube

der Glaube

ist die Flucht

aus dem

Nichtwissen

können

Vertrautheit im Sex

erst wenn Vertrauen

im Alltag aufkommt

kann Vertrautheit

im Sex

entstehen

alles andere ist

einfach fleischliche Beilage

Religion

was für Kinder der Osterhase

ist für Erwachsene die Liebe

Texte

Befreit von der Liebe

Dieser Text entstand im Rahmen des Essay-Wettbewerbs der Tageszeitung "Der Bund" zum Thema «All you need is love» - oder finden Sie das doof?

Ist der Mensch von der Liebe befreit kann er sich auf das Mögliche beschränken

Als ich an die Liebe glaubte, küsste ich zum ersten Mal ein Mädchen im Rosengarten. Die Nacht legte langsam ihre Dunkelheit über uns. Es war kalt an meinem 16. Geburtstag im Januar und mein Herz glühte. Doch dies war eine andere Liebe, als jene, von der ich im Religionsunterricht gehört hatte. Die eine Liebe war für die Nacht; die andere Liebe war für den Tag. Die eine Liebe drang aus meinem Körper, die andere Liebe versuchte der ersten eine Form zu geben.

Ich stellte mir damals vor, dass das weibliche Wesen, das mir so nah war, diese zwei Lieben ähnlich unterschiedlich wahrnahm. Und so empfand ich, als hätte ich es schon mit vier verschiedenen Lieben zu tun. Doch damit nicht genug: Es herrschte Ab- und

Aufbruchstimmung in diesen Nachbeben der 68ziger-Zeit, in der auch die Liebe befreit werden sollte. Doch auf die ganz grosse Liebe musste ich noch warten und mich in Geduld üben. Ich spürte, dass der Entscheid darüber nicht in meiner männlichen Natur lag. Nein, es kam mir vor, als läge der geheimnisvolle Schlüssel zur ganz grossen Liebe in den Händen der Weiblichkeit. So reifte ich bis nach der Volljährigkeit nach altem Recht (d.h. 20-jährig) und erst danach fand ich sie, die erste, ganz grosse Liebe an der Alpenstrasse. Wir waren unsäglich verliebt und fühlten uns in tragender Liebe verbunden. Parallel zur ersten ganz grossen Liebe hatte ich noch einen Beruf erlernt. Den beruflichen Abschluss schaffte ich und hielt das Diplom bald in den Händen. Aber mit der Liebe war es anders: Die flog davon wie ein Schmetterling.

Erst wenn der Mensch darüber sprechen und schreiben lernt, entsteht eine Vorstellung der Liebe.

So glaubte ich weiter an die Liebe, suchte nach ihr und dachte, sie mit meinen Augen überall zu sehen. Doch erst wenn ein anderes Augenpaar auch glaubte, sie zu sehen, setzte sich die Liebe wie von unbekannt gelenkter Hand gesteuert in Bewegung.

Die Natur bemächtigte sich dieser beiden menschlichen Kreaturen, die durch die Begegnung ihrer Augenpaare wie verzaubert waren. Was hatte die Natur im Sinn? Was passiert beim Homo sapiens in solchen Situationen im Gehirn? Jedenfalls erlebte ich diesen Zauber am Tavelweg und an der Hallerstrasse mit unterschiedlicher Dauer und Intensität. Doch erst am Zeigerweg waren wir so als Akteure auserkoren, dass die Natur zu ihrer Erfüllung kam. Verliebt zeugten wir wunschgemäss das erste Kind und bauten unser Nest.

Erst wenn der Mensch darüber sprechen und schreiben lernt, entsteht eine Vorstellung der Liebe.

War nun nach neun Monaten die bevorstehende Geburt eine weitere erfüllte Vorstellung unseres persönlichen Liebesglücks oder war es einfach die Frucht von weiblicher Eireifung und männlichem Samenerguss? Der Westwind wehte heftig grosse Wolkengebilde über die Stadt. Die Sonne zog sich immer mehr hinter diese zurück und zur Nacht gesellte sich der Regen. So wie das Wetter gestaltete sich auch die beginnende Geburt im Wesentlichen unabhängig von Menschenhand. Unsere Tochter liess sich Zeit mit ihrer Ankunft auf dieser Erde und musste mit Hilfe der Medizin dazu gezwungen werden. Statt im Geburtshaus geschah die Geburt im Spital. Statt Bauernhausatmosphäre herrschte organisierte Kliniksicherheit. Wir waren erleichtert, dass wir uns im operationssaalartig eingerichteten Geburtszimmer endlich durch die Hebamme mit ihrer Ruhe und Erfahrung begleitet und getragen fühlten. Sie gab uns Mut zur eigenen Kraft auf dieser letzten Etappe zur Elternschafft. Die Hebamme und wir waren für einen Augenblick zu einer persönlichen Schicksalsgemeinschaft verbunden, als Teil des Flusses der Menschheit; schon weit weg von der Quelle und noch weit weg vom Meer.

Erst wenn der Mensch darüber sprechen und schreiben lernt, entsteht eine Vorstellung der Liebe.

Wie langsam grösser werdende Wellen brachen die schmerzenden Wehen über die angehende Mutter herein. Desgleichen verwandelte und verband mich dieser Wehenrhythmus immer mehr mit dem Geburtsgeschehen. Eine nicht zu beschreibende Teilhabe durchdrang mein Innerstes und sog mich selber mit. Ich fühlte mich wie in einem Reigen mit meiner Tochter verbunden, fühlte mich selber in einem Geburtskanal, der mich zum Vater werden liess; war ausgesetzt dem Wehenschrei oben auf der Welle und fühlte wie der Kopf durch seinen Druck auf den Muttermund alles zum Explodieren bringen sollte. Und als über eine längere Zeit keine Anzeichen für ein Fortschreiten der Geburt erkennbar waren, wussten weder Hebamme noch Ärztin, was nun passierte. Es war mir, als stünde ich vor einem dünnen, seidenen Vorhang; ich, hier, in meiner, unserer Welt – dahinter das ungeborene Geschöpf. Und dann begann sich dieser Vorhang wie ein elastischer „Stoff" zu dehnen, bis sich darin mit jeder Wehenwelle ein vorhandener Riss immer mehr vergrösserte und mich plötzlich die Hebamme aufforderte und ich mich getraute, meine Hände mit brachialer Kraft von oben auf den Bauch, auf das Ungeborene zu pressen, bis der Vorhang mit einem Ruck nachgab, das Kind herausrutschte und bei uns ankam.

Erst wenn der Mensch darüber sprechen und schreiben lernt, entsteht eine Vorstellung der Liebe.

So etwas anderes war dieses Ereignis, so weit weg von dem, was mich im Rosengarten, am Tavelweg, an der Hallerstrasse verzauberte und was am Zeigerweg von der Natur aus zur Erfüllung kam. Und doch war dieser erhabene Schöpfungsakt schon dort, am Zeigerweg, angelegt. Schon dort kam dieser rhythmische Lebensatem in Bewegung, im Auf und Ab, im Hin und Her, im Rein und Raus, im Lauten und Leisen.

Aber auch die Geburt sollte nicht der letzte Akt sein auf dieser menschlichen Lebensbühne mit der Liebeskulisse im Hintergrund. Meine Mutter lag im Sterben und nach dieser Nachricht weckte ich beide Töchter morgens um halb fünf: „Kommt, zieht euch an, es ist soweit, das Grosi stirbt." Hellwach erreichten wir noch in der frühmorgendlichen Dunkelheit einer Novembernacht das Zieglerspital: Regungslos lag meine Mutter, meiner Töchter Grosi, da mit einem Infusionsschlauch in ihrem rechten Arm. Laut und fest atmete sie ein, so als ob sie gerade ersticken würde. Leise strömte die verbrauchte Luft wieder heraus. Zuerst waren wir verängstigt, dann aber gewöhnten wir uns immer mehr an diesen rhythmischen Klang. Wir sassen still neben dem Grosi, hörten andächtig mit und begannen langsam eine andere Sprache am Ende des Lebens kennen zu lernen.

Kurz vor Schulbeginn meldete ich meine Töchter an diesem Morgen bei den Verantwortlichen ab. Da war nun eine andere Lebensschule angesagt. Ein anderer Stundenplan bestimmte das Geschehen, das noch eine Weile dauern sollte. Also holten wir am Nachmittag Liegematten, Schlafsäcke, Schul-, Spiel- und Malsachen. Wir quartierten uns im Zimmer 408 ein. Abends holten wir das Essen beim Chinesen. Langsam gewöhnten sich Pflegepersonal und Ärzte an unsere Präsenz. Nach vier Tagen hatten die beiden Töchter einen Rap-Tanz einstudiert: Dieser dauerte im Bettenlift vom 7. Stock bis ins 2. Untergeschoss.

Das Grosi atmete immer schwerer und am 5. Tag gab ich die Anweisung, die Infusion zu entfernen. Welche Ähnlichkeit hatte dieses Ableben mit einer Geburt. Beides sind vorgegebene Lebensakte der Natur, beidem zu Grunde liegend ist ein Geschlechtsakt. Begonnen hatte alles durch die Begegnung zweier Augenpaare, beim Suchen der Liebe. Am 9. Tag atmete das Grosi ein letztes Mal und wir waren alle dabei. Sie war mein Ursprung. Und auch sie hatte einen Ursprung. Wann es damit begonnen hat, wann es damit enden wird, können wir nicht wissen. Auch die Natur weiss es nicht, auch die Liebe weiss es nicht, denn es gibt sie nicht. Die Liebe ist nur ein Gedanke, eine Vorstellung, so eigen wie jeder Mensch selbst.

Erst wenn der Mensch darüber sprechen und schreiben lernt, entsteht eine Vorstellung der Liebe.

Was war geschehen, dass ich heute wirklich ernsthaft die Liebe abstreite und sie somit gar nicht das höchste Gut auf Erden sein kann? Als die erstgeborene Tochter mit 11 Jahren am Küchentisch mit ihrer Freundin über Verliebtheit und Liebe sprach, dachte ich leicht überheblich, aber mit verständnisvoll väterlicher Nachsicht: „Schon krass, wie diese Kinder schon so überzeugt über die Liebe sprechen. Als ich mich innerlich mit der Liebe auseinanderzusetzen begann, um eine kindgerecht abgestimmte Meinung beizutragen, verhedderte ich mich in diesem Vorhaben. Ich versuchte mich in die beiden Mädchen zu versetzen. Welches konnte ihr Erfahrungsschatz darüber schon sein? Ihre Vorstellungen und Gefühle zur Liebe stammten aus ihren Beziehungen zu Plüschtierchen, zu den Rennmäusen, zu uns Eltern, aus Geschichten in Büchern und Filmen in denen das Küssen schon allgegenwärtig war. Bei allem hätten sie zu Recht von Liebe sprechen können, und erst recht dann, wenn die Natur mit ihnen in der Pubertät Achterbahn fahren wird. Ernüchtert stellte ich fest, dass es einfach nicht mehr gelingen wollte, mir darüber klar zu werden, was die Liebe sein soll. Vom Rosengarten über die Alpenstrasse und den Zeigerweg bis heute hatten sich meine Liebesvorstellung dermassen verändert, dass ich spürte: Das waren meine Geschichten und Vorstellungen von der Liebe. Diese Kinder werden ganz andere Lieben erleben.

Erst wenn der Mensch darüber sprechen und schreiben lernt, entsteht eine Vorstellung der Liebe.

David Dällenbach, Adelboden Schwandfälspitz, 27. Dezember 2014

Pfingstgeschichte

Stell Dir vor: Heute Morgen auf dem Breitenrain-platz wollte mir ein herziger, sauberer, netter Junge von etwa 13 Jahren aus Dank für die Liebe von Christus die Schuhe putzen.

Das ging so:

„Kann ich Ihnen die Schuhe putzen?", fragte er mich. „Nein, nicht gut, schau, das sind Stoffschuhe und sie sind gerade neu. Ich habe sie heute zum ersten Mal an; aber ich kann Dir sonst etwas spenden", entgegnete ich ihm.

„Nein, nein", beschwichtigte er mich.

„Ja, aber warum willst du mir dann die Schuhe putzen? Für welche Organisation macht ihr denn das hier?", fragte ich ihn nun irgendwie erstaunt.

Erst jetzt liess er langsam die Katze aus dem Sack und antwortete: „Als Dank für die Liebe von Christus! Haben Sie schon von ihm gehört?"

„Ja, sicher. Wir leben hier ja in einer christlichen Kultur und jetzt ist ja sowieso gerade Pfingsten", und wollte ihm zeigen, dass es schon noch ein paar Menschen gibt, die Christus kennen; doch meine

Fokus war natürlich schon längst auf das Wort Liebe gerichtet und ich fragte ihn: „Ja, du hast da wirklich etwas Spannendes gesagt, was meinst du mit Liebe? Kannst du dir darunter etwas vorstellen?", fragte ich ihn sehr behutsam.

„Die Liebe von Jesus Christus, weil er für uns am Kreuz gestorben ist!", kam es aus ihm herausgeschossen.

„Und wenn wir uns in seinem Namen zu unseren Sünden bekennen, dann haben wir das ewige Leben", ergänzte ich seine auswendig, verinnerlichte Überzeugung. „Nun lassen wir mal Christus beiseite und was stellst du dir dann einfach unter dem Wort Liebe vor? Weisst du, einfach so im Alltag".

Nun begann er wirklich ernsthaft nachzudenken und kam zunächst mal zur Feststellung: „Das ist ja gar nicht so einfach, das ist noch schwierig zu sagen; - - - (denkt nach) - - -, dass man vertrauen hat, - - - nett ist, - - - jemandem hilft".

„Sehr gut, was du gesagt hast", bekräftigte ich ihn und ermunterte ihn fragend, ob es noch mehr darüber zu sagen gäbe und er wusste dann noch einige positive Eigenschaften unseres menschlichen Verhaltens. „Und, ist das nun die Liebe, fragte ich ihn und er wurde noch nachdenklicher. „Mir kommt zum Beispiel auch noch ein Wort in den Sinn: Aufmerksamkeit könnte vielleicht auch noch wichtig sein", sagte ich zu ihm und pflichtete ihm bei: „Du hast recht, das ist gar nicht so einfach, sagen zu können was die Liebe sei", versuchte ich ihm aufzuzeigen. „Und weisst Du, vielleicht haben wir ja noch etwas vergessen, und wenn du deinen Kollegen fragen würdest, dann wüsste der vielleicht auch noch etwas dazu zu sagen. Siehst du, so stellt sich jede Person unter der Liebe immer ein wenig etwas anderes vor und für sich hat man das Gefühl, dass man es wisse".

„Ja, das ist wirklich noch interessant, das habe ich noch gar nie so überlegt", sagte er zu mir und wir verabschiedeten uns. Jeder ging seines Weges, ohne anderen die eigene frohe Botschaft zu verkünden.

Tod des Vaters

Es war Mittwochnachmittag, 3. November 1999. Aufgewühlt stand ich mit meiner Schwester, meinem Bruder und der Schwesternhilfe Monika um das Bett meines sterbenden Vaters. Ich hielt ihm seine linke Hand. Meine vierjährige Tochter sass beim Kopfkissen. Mein Vater atmete schwer und die Abstände dazwischen, nach denen er wieder um Luft rang, wurden immer länger. Wie ich so angespannt wieder auf seinen nächsten Atemzug wartete, wurde mir gewahr, dass es jetzt hätte geschehen sollen.

Plötzlich musste ich wie von unsichtbarer "Hand" geleitet, seine Hand loslassen und wie einen Schritt zurücktreten. Auch allen andern, die ums Bett standen, fühlten ähnlich. Und da sah ich, wie ein Licht, das ich auf dieser Welt noch nie gesehen hatte, sich von den Fussenden löste, durch den Körper meines Vaters eilte und beim Kopf seinen Leib verliess. Zugleich folgte diesem Licht unmittelbar ein Schatten bis zum Kopf. Das Ganze mutete an, als ob ein lautloser Wind aus dem Körper meines Vaters trete.

Und als dieses Licht durch das Gesicht meines Vaters glitt, da sah ich ganz kurz, wie ein Lächeln, ein Entzücken über sein Gesicht huschte. Und als ich diese Entzückung sah, wurde mir Folgendes gewahr: Als er mich gezeugt hatte, muss auch ein solches Entzücken über seinem Gesicht gelegen sein.